BEI GRIN MACHT SICH IHR WISSEN BEZAHLT

AF136431

- Wir veröffentlichen Ihre Hausarbeit,
  Bachelor- und Masterarbeit

- Ihr eigenes eBook und Buch -
  weltweit in allen wichtigen Shops

- Verdienen Sie an jedem Verkauf

Jetzt bei www.GRIN.com hochladen und kostenlos publizieren

Konzeption eines Fragebogens zur Erfassung emotionaler Intelligenz, Basis deskriptiver Statistik und Datenanalyse in SPSS

Niclas Gallwitz

Bibliografische Information der Deutschen Nationalbibliothek:

Die Deutsche Nationalbibliothek verzeichnet diese Publikation in der Deutschen Nationalbibliografie; detaillierte bibliografische Daten sind im Internet über http://dnb.d-nb.de abrufbar.

ISBN: 9783346789136
Dieses Buch ist auch als E-Book erhältlich.

Druck und Bindung: Books on Demand GmbH, Norderstedt Germany
Gedruckt auf säurefreiem Papier aus verantwortungsvollen Quellen

Das vorliegende Werk wurde sorgfältig erarbeitet. Dennoch übernehmen Autoren und Verlag für die Richtigkeit von Angaben, Hinweisen, Links und Ratschlägen sowie eventuelle Druckfehler keine Haftung.

Das Buch bei GRIN: https://www.grin.com/document/1311510

Einsendeaufgabe

Titel der Arbeit:

Konzeption eines Fragebogens zur Erfassung Emotionaler Intelligenz, Basis deskriptiver Statistik und Datenanalyse in SPSS

Aufgabennummer:

B

Modul:

Wissenschaftliches Arbeiten - Vertiefung II

Studiengang:

Psychologie B.Sc.

Verfasser:

Niclas Gallwitz

Inhaltsverzeichnis

Abkürzungsverzeichnis

Abb.	Abbildung
Aufl.	Auflage
bspw.	beispielsweise
bzw.	beziehungsweise
bzgl.	bezüglich
etc.	und die übrigen [Dinge] (lat.: et cetera)
Hrsg.	Herausgeber
lat.	Lateinisch
S.	Seite(n)
Vgl.	vergleiche
vs.	gegen / im Vergleich zu (lat.: versus)
z.B.	zum Beispiel

Tabellenverzeichnis

Abbildungsverzeichnis

1 Aufgabenstellung

Gegenstand der vorliegenden Einsendeaufgabe ist die nachfolgende Operationalisierung des Konstrukts Emotionale Intelligenz und die Konzeption eines Fragebogens zum Thema. Zunächst wird der betriebliche Kontext, vor dem die Befragung zur Emotionalen Intelligenz stattfinden soll, erläutert. Anschließend werden theoretische und methodische Überlegungen für die Konstruktion des Fragebogens dargestellt. Dabei wird die Auswahl der Fragen und Antwortalternativen im Fragebogen sowie ihre Reihenfolge begründet. Außerdem wird die Vorgehensweise der empirischen Untersuchung (Beschreibung des Vorgehens, Beschreibung der Fallauswahl, Durchführung der Befragung). Der vollständige Fragebogen (einschl. Anschreiben und Layout), ist der Einsendeaufgabe beigefügt.

In Teilaufgabe zwei wird die Basis deskriptiver Statistik erläutert und verschiedene Lage- und Streuparameter vorgestellt. Die Berechnung der einzelnen Parameter wird anhand einer fiktiven Altersverteilung dargestellt.

In Teilaufgabe drei wird eine deskriptive und inferenzstatistische Analyse an einem Datensatz mithilfe von SPSS durchgeführt. Nachdem die Stichprobe beschrieben wird, werden Unterschiede und Zusammenhänge untersucht und dargestellt. Zuletzt werden die Ergebnisse erläutert und interpretiert, ehe die Einsendeaufgabe mit einem Fazit abschließt.

2 Operationalisierung des Konstrukts Emotionale Intelligenz und die Konzeption eines Fragebogens zum Thema

Das unten dargestellte Modell zur Emotionalen Intelligenz stammt von den Wissenschaftlern John D. Mayer und Peter Salovey. Das Modell unterscheidet die Fähigkeitsbereiche (1) Wahrnehmung, Bewertung und Ausdruck von Emotionen, (2) Nutzung von Emotionen bei kognitiven Anforderungen, (3) Verstehen und Analyse von Emotionen sowie (4) Emotionsmanagement.[1]

Im Allgemeinen kann emotionale Intelligenz als das Erkennen und Begreifen von Empfindungen beschrieben werden.[2] Emotionale Intelligenz ist die Fähigkeit, das Verhalten von Menschen zu verstehen und in zwischenmenschlichen Beziehungen entsprechend zu handeln.[3] Eine erste Definition liefern Peter Salovey und John Mayer im Jahre 1990. Emotionen beschreiben sie als Gefühle, die aus psychologischen Reaktionen folgen. Intelligenz definieren sie als Fähigkeit, sich reflexiv mit Informationen auseinanderzusetzen und aus diesen Überlegungen Konsequenzen zu ziehen.[4] Emotionale Intelligenz ist nach Salovey und Mayer demnach die Fähigkeit, die Bedeutung von Emotionen und ihre Beziehungen zu erkennen, und auf ihrer Grundlage zu argumentieren und Probleme zu lösen. Sie ist daran beteiligt, Emotionen wahrzunehmen und emotionsbezogene Gefühle entsprechend anzupassen.[5] Die emotionale Intelligenz eines Menschen hängt davon ab, inwieweit Selbst- und Interaktionsmanagement gelingen.[6]

---

[1] Vgl. Mayer (2004)
[2] Vgl. Veil (2010), S. 45
[3] Thorndike & Edward, zitiert nach Zehetner (2019), S. 47
[4] Maltby, zitiert nach Becker (2014), S. 112
[5] Salovey, Brackett & Mayer, zitiert nach Zehetner (2019), S. 47
[6] Vgl. Schlegtendal (2020), S. 3-4

Tabelle 1: The Four Branch Model of Emotional Intelligence *(Quelle: eigene Darstellung, in Anlehnung an Mayer (2004), S. 4-5)*

Dimension	Indikatoren
Wahrnehmung, Bewertung und Ausdruck von Emotionen	- Wahrnehmen eigener Emotionen - Wahrnehmung der Emotionen anderer - Ausdrücken der eigenen Emotionen - Einschätzung des Ausdrucks anderer
Nutzung von Emotionen bei kognitiven Anforderungen	- Nutzen von Emotionen, um sich auf das Wesentliche zu konzentrieren - Hervorrufen von Emotionen zur besseren Urteilsbildung - Hervorrufen von Emotionen aufgrund unterschiedlicher Sichtweisen - Nutzen von Emotionen zur Problemlösung
Verstehen und Analyse von Emotionen	- Verbale Beschreibung von Emotionen - Erkennen von Konsequenzen von Emotionen - Erkennen von Antezedenzien von Emotionen - Erkennen von komplexen Emotionen - Erkennen von Mischungen aus Emotionen - Erkennen der zeitlichen Abfolge von Emotionen
Emotionsmanagement	- Offenheit für alle Emotionen (positive und negative) - Ausleben oder Distanzieren von Emotionen - Reflektieren von Emotionen - Beeinflussen von Emotionen anderer

Im Rahmen dieser Teilaufgabe wird die Konzeption eines Fragebogens in Bezug auf das zuvor dargestellte Modell erläutert. Um einen Fragebogen sinnvoll zu erstellen, muss zunächst die Zielgruppe definiert werden. Befragt werden sollen Führungskräfte aus unterschiedlichen Unternehmensbereichen. Eine gute Führungskraft sollte Kompetenzen aufweisen, die das Modell der Emotionalen Intelligenz beinhaltet. Führungskräfte sollten sich vor allem ihrer eigenen Gefühle, Stärken, Schwächen und Grenzen bewusst sein. Das Bewusstsein über die

eigenen Fähigkeiten fördert das persönliche Selbstvertrauen. Dies wiederum bestärkt Führungskräfte darin, auch in Stress- oder Krisensituationen zu funktionieren. Durch emotionale Selbstregulation wird eine Führungskraft befähigt, die
Kontrolle zu behalten, Verantwortung für sich, seine Mitarbeiter und die Situation
zu übernehmen. Neben der Fähigkeit, eigene Gefühle zu erkennen und zu erklären, sollten Führungskräfte bei ihren Entscheidungen und Handlungen auch das
Wohl ihrer Mitarbeiter berücksichtigen. Dies erfordert, die Emotionen anderer zu
verstehen, die Gefühle der Mitarbeiter zu erkennen und zu interpretieren.[7] Ziel
der Befragung ist es herauszustellen, welche Bedeutung die Emotionale Intelligenz anhand der einzelnen Dimensionen des dargestellten Modells zur Erfüllung
von Führungsaufgaben hat und welche Rolle Emotionale Intelligenz in Bezug auf
die Mitarbeiterführung spielt.

Ein Fragebogen ist eine standardisierte Zusammenstellung von Fragen, die Personen vorgelegt werden, mit dem Ziel, deren Antworten zur Überprüfung der, an
den Fragen zugrundeliegenden, theoretischen Konzepte und Zusammenhänge
zu verwenden. Dabei werden Meinungen, Einstellungen oder Verhaltensmuster
der zu befragenden Person erfasst.[8] Nachdem die Zielgruppe der Befragung definiert wurde, werden im Folgenden die wichtigen Punkte der Fragen- und Ant-
wortkonstruktion dargestellt.

2.1   Fragenkonstruktion

Bei der Konstruktion der Fragen ist zunächst zu beachten, dass für unterschiedliche Zielgruppen unterschiedliche Anforderungen gelten. Wenn beispielsweise
ein Kind oder eine Person mit geringer Bildung befragt werden soll, müssen die
Fragen einfacher formuliert werden, während bei Studenten erwartet werden
kann, dass diese, schwierige Fragen verstehen und beantworten können.[9] Gut
formulierte Fragen sollten klar und verständlich sein, keine Möglichkeit zu unmit-
telbaren Rückfragen geben, kurz und vor allem neutral formuliert sein, um eine
mögliche Verzerrung zu verhindern sowie möglichst keine Fremdwörter enthal-
ten. Bezogen auf die Art der Fragetypen wird unterschieden zwischen offenen,
geschlossenen und halboffenen Fragen. Offene Fragen werden vor allem bei

---

[7] Vgl. Goleman (2000), S. 317
[8] Vgl. Häcker (2011)
[9] Vgl. Schmidt-Atzert, Krumm & Amelang (2021), S. 96

4

qualitativen Untersuchungen verwendet. Dabei sollten die Antworten frei formuliert werden. Der Befragte erhält keine Antwortalternativen.[10] Eine mögliche offene Frage könnte bspw. die Frage nach dem Alter des Teilnehmenden sein. Offene Fragen bieten viele Vorteile. So können bspw. Themen, Stimmungen oder Meinungen aufgegriffen werden, die im Fragebogen nicht behandelt werden oder generell Themen vertieft werden durch weitere Erläuterungen. Zudem steigert die Frage nach individuellen Meinungen und Einstellungen die Wertschätzung der Befragten, da Ihnen die Partizipation ermöglicht wird. Gleichzeitig bieten offene Fragen den Nachteil, dass Fragen falsch beantwortet werden bzw. am Thema vorbei geantwortet wird. Da die Beantwortung offener Fragen außerdem einen größeren Mehraufwand für die Befragten darstellt, kann es vorkommen, dass gestellte Fragen nicht richtig bzw. nicht ausführlich beantwortet werden. Zudem ist die Auswertung solcher Fragen aufwändiger.[11] Geschlossene Fragen werden vor allem bei quantitativen Verfahren verwendet. Dabei werden Antwortalternativen gegeben, die der Befragte entweder zutreffend oder nichtzutreffend ankreuzen kann. Ein großer Vorteil von geschlossenen Fragen ist die schnelle Datenauswertung. Der Nachteil hingegen besteht darin, dass die Befragten möglicherweise mit keiner der vorgegebenen Antwortalternativen übereinstimmen und somit Fragen ausgelassen werden. Zudem kann eine geschlossene Frage den Befragten in eine bestimmte Richtung drängen.[12] Die Mischung aus offenen und geschlossenen Fragen wird als halboffene Fragen bezeichnet. Auch hier werden Antwortalternativen vorgegeben. Der Unterschied liegt darin, dass es eine zusätzliche Antwortkategorie gibt, bei der die Befragten ihre Antwort frei formulieren können.[13]

Da es sich bei der vorliegenden Untersuchung um ein quantitatives Forschungsdesign handelt, werden in dem Fragebogen überwiegend geschlossene Fragen verwendet. Lediglich die Fragen nach demographischen Angaben werden als offene bzw. halb-offene Fragen formuliert. Der Fragebogen ist primär als Selbstbeschreibungstest gestaltet und verwendet konkrete, verhaltensbezogene Items, im Sinne der vier Fähigkeitsbereiche des oben dargestellten Modells nach Mayer und Salovey. Entsprechend der einzelnen Fähigkeitsbereiche ist der Fragebogen

---

[10] Vgl. Bortz & Döring (2016), S. 365
[11] Vgl. Reinhardt & Ornau (2015), S. 16
[12] Vgl. Porst (2014), S. 55
[13] Vgl. Bortz & Döring (2016), S. 588 – 589

in vier Themenbereiche eingeteilt. Die demographischen Fragen bilden eine zusätzliche Dimension und werden bewusst am Ende der Befragung gestellt. Dies hat den Hintergrund, dass Fragen bspw. zum Schulabschluss oder dem Beschäftigungsstatus in manchen Fällen ungern beantwortet werden. Dennoch werden demographische Fragen gestellt, um im Nachgang, bspw. durch inferenzstatistische Tests, Unterschiede einzelner Bezugsgruppen erfassen zu können.

2.2 Antwortkonstruktion

Bei der Konstruktion der Antwortskalen wird zunächst unterschieden zwischen numerischen und verbalen Skalen. Dabei sind verbale Skalen in jedem Punkt eindeutig benannt, während bei der numerischen Skala lediglich die Endpunkte verbal benannt werden.[14] Der Vorteil von verbalisierten Skalen ist, dass den Befragten anhand der eindeutigen Benennung genau vorgegeben wird, was diese unter dem jeweiligen Skalenpunkt verstehen sollen, während numerische Skalenpunkte Spielraum für Interpretationen lassen. Zudem bieten verbalisierte Skalen den Nachteil der angemessenen Benennung bei mehr als vier Skalenpunkten.[15] Weiter wird unterschieden zwischen geraden und ungeraden Anzahlen von Skalenpunkten. Der eigentliche Unterschied zwischen diesen beiden Skalenformen ist die sogenannte formale Mittelkategorie, die bei einer ungeraden Skala vorhanden ist. Zwar ist diese Mittelkategorie oft kein richtiger Mittelpunkt, allerdings wird dieser Skalenpunkt von den Befragten häufig als Ausweichkategorie verwendet, wenn keine ausgeprägte Meinung vorhanden ist. Der Vorteil von geraden Anzahlen von Skalenpunkten ist, dass sich die Befragten eindeutig positionieren müssen. Der Nachteil hingegen ist, dass möglicherweise Antworten zufällig gewählt werden.[16]

In dem angehängten Fragebogen werden ausschließlich verbalisierte, vierstufige Skalenpunkte von „trifft gar nicht zu" bis „trifft genau zu" verwendet. Die vierstufige Antwortskala hat den Vorteil, dass den Befragten nicht die Möglichkeit einer Ausweichkategorie gegeben wird, die, wie bereits erwähnt, oft unterschiedlich

---

[14] Vgl. Reinhardt & Ornau (2015), S. 19
[15] Vgl. Porst (2009), S. 77-80
[16] Vgl. Porst (2009), S. 81-82; Reinhardt & Ornau (2015), S. 20

interpretiert wird. Zudem ist dieses Antwortformat leicht verständlich und lässt sich schnell beantworten.

2.3 Formaler Aufbau des Fragebogens

Üblicherweise besteht ein Fragebogen aus einem Titel, dem Ziel der Befragung, der Fragebogenaufbau, die Verwertung der Daten / einer Vertraulichkeitsklausel, dem Hinweis bzgl. möglicher Rückfragen, einer Anleitung zum Ausfüllen des Fragebogens, ggf. Hinweis auf Anreiz, den Fragen sowie abschließend einer Danksagung.[17] Zu beachten ist zudem die Reihenfolge der Fragen. Die Befragung sollte dabei mit sogenannten „Eisbrecher-" bzw. „Aufwärmfragen" starten. Dabei ist zu beachten, dass die Fragen spannend, themenbezogen und die Befragungsperson persönlich betreffend, aber einfach zu bearbeiten sind. Dies hat den Hintergrund, die Motivation zur weiteren Teilnahme aufrechtzuhalten. Des Weiteren sollte die Reihenfolge der Fragen gut nachvollziehbar sein, in dem bspw. Fragen zu den gleichen Themenbereichen zusammengefasst werden. Schwierige oder heikle Fragen sollten zudem am Ende der Befragung gestellt werden.[18]

Generell ist darauf zu achten, dass der Fragebogen leicht verständlich und übersichtlich gestaltet wird. Sowohl formal als auch die äußerliche Gestaltung sollten ein einheitliches Präsentationsbild abgeben.

2.4 Pretest

Nachdem der Fragebogen vollständig konstruiert wurde, sollte die Befragung grundsätzlich einem sogenannten Pretest unterzogen werden. Dieser soll vor allem Fehlerquellen aufzeigen. Im Allgemeinen sollte ein Pretest Auskunft geben über die Verständlichkeit der Fragen, über eventuelle Probleme des Befragten mit seinen Aufgaben, das Interesse und die Aufmerksamkeit des Befragten bei einzelnen Fragen, das Interesse und die Aufmerksamkeit des Befragten während des gesamten Interviews, das Wohlbefinden des Befragten, die Häufigkeitsverteilung der Antworten, die Reihenfolge der Fragen, mögliche Kontexteffekte, technische Probleme mit dem Fragebogen sowie über die Zeitdauer der

---

[17] Vgl. Reinhardt & Ornau (2015), S. 22
[18] Porst (2008), zitiert nach Reinhardt & Ornau (2015), S. 22

Befragung. Dabei wird der „klassische Pretest" an einer kleinen Stichprobe durchgeführt.[19] Nachdem mögliche Fehlerquellen evaluiert und optimiert worden sind, kann der Fragebogen anschließend einer größeren Stichprobe unterzogen werden.

Der vorliegende Fragebogen soll als Selbsttest an der oben beschriebenen Zielgruppe durchgeführt werden und über einen Zeitraum von mehreren Monaten angeboten werden. Der Fragebogen ist dabei als Onlinebefragung konzipiert. Die Teilnehmer sollen über Aushänge und Informationsveranstaltungen in verschiedenen Unternehmen rekrutiert werden. Als Anreiz zur Teilnahme soll die Möglichkeit zu einer individuellen Rückmeldung über die erreichten Ergebnisse angeboten werden. Die Befragung kann jederzeit repliziert werden.

---

[19] Vgl. Reinhardt & Ornau (2015), S. 24

3 Basis deskriptiver Statistik

Die deskriptive, oder auch beschreibende, Statistik befasst sich mit der Daten-analyse und dient dazu, erhobene Daten übersichtlich darzustellen und ordnen zu können.[20] Ziel dabei ist vor allem die Darstellung der absoluten und relativen Häufigkeiten. Die Basis deskriptiver Statistiken sind Lageparameter (Maße zent-raler Tendenz) und Streuparameter (Dispersionsmaße).

Im Folgenden werden verschiedene Lage- und Streuparameter vorgestellt und anhand der untenstehenden fiktiven Altersverteilung von 20 Teilnehmern berech-net.

Alter (in Jahren)

	Häufigkeit	Prozent	Gültige Prozente	Kumulierte Pro-zente
20	1	5,0	5,0	5,0
21	1	5,0	5,0	10,0
22	1	5,0	5,0	15,0
23	1	5,0	5,0	20,0
24	1	5,0	5,0	25,0
28	2	10,0	10,0	35,0
29	1	5,0	5,0	40,0
34	1	5,0	5,0	45,0
40	1	5,0	5,0	50,0
43	3	15,0	15,0	65,0
44	1	5,0	5,0	70,0
47	1	5,0	5,0	75,0
49	1	5,0	5,0	80,0
53	2	10,0	10,0	90,0
55	1	5,0	5,0	95,0
57	1	5,0	5,0	100,0
Gesamt	20	100,0	100,0	

Abbildung 1: Fiktive Altersverteilung

Um herauszufinden, welche Berechnungen durchgeführt werden dürfen, werden zunächst die verschiedenen Skalenniveaus erläutert, die für eine Berechnung der

---

[20] Vochezer (2008), zitiert nach Reinhardt & Ornau (2015), S. 39

einzelnen Parameter gegeben sein müssen, ehe auf die Lage- und Streuparameter eingegangen wird.

3.1 Nominalskala

Das Nominalskalenniveau entspricht dem niedrigsten Messniveau. Die Skalenwerte sind hier nicht mit quantitativen Merkmalen von Objekteigenschaften verknüpft, sodass die Messung einer Objektklassifizierung gleichgesetzt werden kann.[21] Typische Beispiele für ein Nominalskalenniveau sind das Geschlecht oder der Familienstand. Den einzelnen Objekten werden Nummern zugeordnet, sodass Objekte mit gleichen Merkmalen die gleiche Nummer erhalten und Objekte mit unterschiedlichen Merkmalen unterschiedliche Nummern.[22] Dabei wird gemessen, wie viele Personen jedes Merkmal aufweisen, damit Vergleiche angestellt werden können, z.B. ob zwei Personen denselben oder einen unterschiedlichen Familienstand haben.[23]

3.2 Ordinalskala

Da die untersuchten Objekte in einer Rangordnung dargestellt werden, basieren Messungen einer Ordinalskala auf der Auswertung von Ranginformationen.[24] Ein Beispiel für eine ordinale Skalenvariable ist das Ranking im Sport. Der Skalenwert einer Ordinalskala gibt dabei an, welche Person ein höheres Merkmalsniveau hat oder ob zwei Personen das gleiche Merkmalsausprägungsniveau haben.[25]

3.3 Intervallskala

Intervallskalen sind durch gleichskalige Segmente gekennzeichnet. Im Vergleich zu nominalen oder ordinalen Daten unterscheiden sich die Daten einer Intervallskala zwischen bspw. kleine oder große Temperaturunterschiede.[26]

---

[21] Vgl. Bortz & Döring (2016), S. 232
[22] Vgl. Bortz & Döring (2016), S. 237-238
[23] Vgl. Bortz & Schuster (2010), S. 13
[24] Vgl. Backhaus et al. (2018), S. 11; Vgl. Bortz & Schuster (2010), S. 18
[25] Vgl. Bortz & Schuster (2010), S. 14
[26] Vgl. Backhaus et al. (2018), S. 12

3.4   Verhältnisskala

Die Verhältnisskala bildet das höchste Skalenniveau. Die Verhältnisskala beschreibt die relative Lage des Messwertes zum Nullpunkt. Beispielsweise kann man nicht sagen, dass eine Person mit einem IQ von 160 doppelt so schlau ist wie eine Person mit einem IQ von 80, weil es auf der Intelligenzskala keine natürliche Null gibt. Verhältnisse von Messwerten wie Temperatur, Größe, Alter etc. können nur auf einer Skala mit natürlichem Nullpunkt angegeben werden.[27]

3.5   Lageparameter

Die Maße der zentralen Tendenz dienen dazu, mehrere Merkmalswerte durch einen einzigen Wert zu charakterisieren.[28] In der Regel beschreiben Lageparameter typische Merkmalsausprägungen oder Schätzungen des wahren Wertes bzw. des Erwartungswertes einer Verteilung. Dazu zählen u.a. der Modus (Voraussetzung: nominalskalierte Daten; Skalenniveau), der Median (Voraussetzung: ordinalskalierte Daten) sowie das arithmetische Mittel. Die Wahl eines geeigneten Parameters hängt vom Skalenniveau der zu untersuchenden Variable und von der Verteilung ab.[29]

3.5.1 Arithmetisches Mittel

Das arithmetische Mittel beschreibt den Durschnitt bzw. den Mittelwert aller Messwerte. Für die Berechnung muss mindestens ein Intervallskalenniveau vorliegen. Anhand der zuvor dargestellten fiktiven Altersverteilung ergibt die Berechnung des arithmetischen Mittels folgenden Wert.

arithmetisches Mittel

Alter		
N	Gültig	20
	Fehlend	0
Mittelwert		37,80

Abbildung 2: Arithmetisches Mittel der Altersverteilung

---

[27] Vgl. Wübbenhorst (2018)
[28] Vgl. Reinhardt & Ornau (2015), S. 41
[29] Vgl. https://dorsch.hogrefe.com/stichwort/masse-der-zentralen-tendenz

3.5.2 Median

Der Median entspricht dem kleinsten Wert einer Wertereihe. Rechts und links vom Median liegen somit gleich viele Merkmalswerte. Bei einer ungeraden Anzahl von Beobachtungswerten kann der Wert in der Mitte leicht bestimmt werden. Bei einer geraden Anzahl von Beobachtungswerten wird der Median als arithmetisches Mittel aus den beiden in der Mitte liegenden Werten berechnet.[30] Für die Berechnung des Medians muss mindestens ein Ordinalskalenniveau gegeben sein.[31] Anhand der zuvor dargestellten fiktiven Altersverteilung ergibt sich folgender Wert.

Median

Alter		
N	Gültig	20
	Fehlend	0
Median		41,50

Abbildung 3: Median der Altersverteilung

3.5.3 Modus

Der Modus beschreibt die Merkmalsausprägung, die am häufigsten vorkommt.[32] Für die Berechnung des Modus ist mindestens ein Nominalskalenniveau vorausgesetzt. Auf höheren Skalenebenen ist der Modus neben dem Median und dem arithmetischen Mittel ein gängiges Maß für die zentrale Tendenz.[33] Im bereits zuvor genannten Beispiel ergibt der Modus also folgenden Wert.

Modus

Alter		
N	Gültig	20
	Fehlend	0
Modus		43

Abbildung 4: Modus der Altersverteilung

---

[30] Vgl. Reinhardt & Ornau (2015), S. 41
[31] Vgl. https://dorsch.hogrefe.com/stichwort/median
[32] Vgl. Reinhardt & Ornau (2015), S. 42
[33] Vgl. https://dorsch.hogrefe.com/stichwort/modus

3.6 Streuungsparameter

Streuungsparameter geben die Schwankungen um ihren eigenen Mittelwert an. Sie beschreiben dabei, wie weit die Daten von dem jeweiligen Lageparameter abweichen.

3.6.1 Varianz

Die Varianz ist definiert als die durchschnittlich quadrierte Abweichung vom Erwartungswert oder Mittelwert. Für die Berechnung der Varianz wird mindestens ein Intervallskalenniveau vorausgesetzt.[34] Anhand der zuvor dargestellten fiktiven Altersverteilung liefert die Varianz folgenden Wert.

Varianz

Alter		
N	Gültig	20
	Fehlend	0
Varianz		158,063

Abbildung 5: Varianz der Altersverteilung

3.6.2 Standardabweichung

Die Standardabweichung ist die positive Quadratwurzel aus der Varianz. Bei der Standardabweichung wird unterschieden zwischen der Populationsstandardabweichung, der geschätzten Populationsstandardabweichung und der Stichprobenstandardabweichung.[35] Auch für die Berechnung der Standardabweichung wird mindestens ein Intervallskalenniveau vorausgesetzt.

Standardabweichung

Alter		
N	Gültig	20
	Fehlend	0
Std.-Abweichung		12,572

Abbildung 6: Standardabweichung der Altersverteilung

---

[34] Vgl. https://dorsch.hogrefe.com/stichwort/varianz
[35] Vgl. https://dorsch.hogrefe.com/stichwort/standardabweichung

3.6.3 Spannweite

Die Spannweite ist der Abstand zwischen dem kleinsten und dem größten Mess-
wert. Zur Berechnung wird das Minimum vom Maximum abgezogen.[36]

Spannweite

Alter		
N	Gültig	20
	Fehlend	0
Spannweite		37

Abbildung 7: Spannweite der Altersverteilung

---

[36] Vgl. Benning (2022)

4 Datenanalyse in SPSS

Im Folgenden wird eine deskriptive und inferenzstatistische Analyse der in der Aufgabe beigefügten Datensatz enthaltenen Stichprobe mit Hilfe von SPSS durchgeführt. Der Datensatz stammt aus einer Befragung von 5000 in Deutschland Beschäftigten. Die telefonische Befragung im Rahmen der Dachevaluation der Gemeinsamen Deutschen Arbeitsschutzstrategie (GDA) wurde von Infratest im Zeitraum Juni bis August 2015 durchgeführt.

4.1 Beschreibung der Stichprobe

Die Stichprobe (n=5000) teilt sich in 58,3% Frauen und 41,7% Männer.

Geschlecht

		Häufigkeit	Prozent	Gültige Prozente	Kumulierte Prozente
Gültig	Männlich	2086	41,7	41,7	41,7
	Weiblich	2914	58,3	58,3	100,0
	Gesamt	5000	100,0	100,0	

Abbildung 8: Häufigkeitstabelle Geschlechterverteilung

Die Altersverteilung (n=4985) der Stichprobe erstreckt sich von einem Minimum von 15 Jahren bis zu einem Maximum von 80 Jahren. Der Altersdurchschnitt liegt bei 47,24 Jahren.

Deskriptive Statistik

	N	Minimum	Maximum	Mittelwert
Alter	4985	15	80	47,24
Gültige Werte (Listenweise)	4985			

Abbildung 9: Deskriptive Statistik der Altersverteilung

Aus Abbildung 10 wird deutlich, wie sich die Verteilung von Betrieben mit bzw. ohne Fachkraft für Arbeitssicherheit darstellt. 70,30% der Befragten (n=5000) geben an, dass eine Fachkraft für Arbeitssicherheit in ihrem Betrieb vorhanden ist. 23,38% der Befragten geben an, dass es in ihrem Betrieb keine Fachkraft für Arbeitssicherheit gibt. 6,32% wissen es nicht bzw. machen dazu keine Angabe.

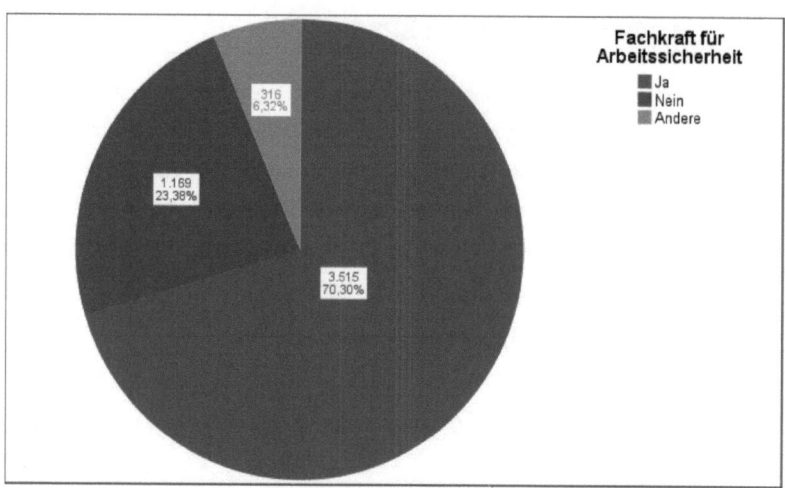

Abbildung 10: Verteilung von Betrieben mit bzw. ohne Fachkraft für Arbeitssicherheit (absolute und relative Häufigkeit)

4.2 Deskriptive Analyse

Im Folgenden werden zunächst die physischen und psychischen Belastungen betrachtet. Diese ergeben sich aus dem Mittelwert der Variablen bewegungsarme Tätigkeiten, Arbeitsumgebung, schwere körperliche Belastung, Umgang mit Maschinen und Arbeitsgeräten, Umgang mit Gefahr- oder Biostoffen, Umgang mit schwierigen Personengruppen, Zeitdruck oder organisatorisch bedingte Probleme sowie Belastungen aus sozialen Beziehungen.

physische Belastungen - Mittelwert aus W15A212b,W15A212c,W15A212d,W15A212e

		Häufigkeit	Prozent	Gültige Prozente	Kumulierte Prozente
Gültig	1,00	48	1,0	1,0	1,0
	1,25	34	,7	,7	1,6
	1,33	1	,0	,0	1,7
	1,50	90	1,8	1,8	3,5
	1,67	2	,0	,0	3,5
	1,75	123	2,5	2,5	6,0
	2,00	168	3,4	3,4	9,3
	2,25	241	4,8	4,8	14,2
	2,33	2	,0	,0	14,2
	2,50	354	7,1	7,1	21,3
	2,67	5	,1	,1	21,4
	2,75	361	7,2	7,2	28,6
	3,00	510	10,2	10,2	38,8
	3,25	577	11,5	11,5	50,4
	3,33	5	,1	,1	50,5
	3,50	598	12,0	12,0	62,4
	3,67	5	,1	,1	62,5
	3,75	719	14,4	14,4	76,9
	4,00	1153	23,1	23,1	100,0
	Gesamt	4996	99,9	100,0	
Fehlend	System	4	,1		
Gesamt		5000	100,0		

Abbildung 11: Häufigkeitstabelle physische Belastungen

Aus der Betrachtung der Häufigkeitstabellen der beiden Variablen wird zunächst deutlich, dass die Befragten bei den physischen Belastungen (n=4996) den Mittelwert 4,00 am häufigsten mit 23,1% erreichen. Bei den psychischen Belastungen erreichen die Befragten (n=4999) am häufigsten den Mittelwert 2,67 mit 19,0%. Aufgrund der Codierung der Variablen ist dabei zu beachten, dass 1 dem niedrigsten Wert und 4 dem höchsten Wert entspricht. Das bedeutet, je höher der Wert desto geringer die Belastung.

psychische Belastungen - Mittelwert aus W15A212f,W15A212g,W15A212h

		Häufigkeit	Prozent	Gültige Prozente	Kumulierte Prozente
Gültig	1,00	90	1,8	1,8	1,8
	1,33	132	2,6	2,6	4,4
	1,50	3	,1	,1	4,5
	1,67	272	5,4	5,4	9,9
	2,00	508	10,2	10,2	20,1
	2,33	739	14,8	14,8	34,9
	2,50	9	,2	,2	35,1
	2,67	949	19,0	19,0	54,1
	3,00	857	17,1	17,1	71,2
	3,33	576	11,5	11,5	82,7
	3,50	7	,1	,1	82,9
	3,67	402	8,0	8,0	90,9
	4,00	455	9,1	9,1	100,0
	Gesamt	4999	100,0	100,0	
Fehlend	System	1	,0		
Gesamt		5000	100,0		

Abbildung 12: Häufigkeitstabelle physische Belastungen

Deutlicher wird dies bei der Betrachtung weiterer deskriptiver Statistiken der beiden Variablen. Der Median der physischen Belastungen beträgt 3,25. Der Median der psychischen Belastungen liegt bei 2,67.

Deskriptive Statistik

			Statistik	Standard Fehler
physische Belastungen - Mittelwert aus W15A212b,W15A212c,W15A212d,W15A212e	Mittelwert		3,2148	,01026
	95% Konfidenzintervall des Mittelwerts	Untergrenze	3,1946	
		Obergrenze	3,2349	
	5% getrimmtes Mittel		3,2694	
	Median		3,2500	
	Varianz		,526	
	Standard Abweichung		,72543	
	Minimum		1,00	
	Maximum		4,00	
	Spannweite		3,00	
	Interquartilbereich		1,00	
	Schiefe		-,861	,035
	Kurtosis		,051	,069

psychische Belastungen -	Mittelwert		2,7663	,01017
Mittelwert aus	95% Konfidenzintervall des	Untergrenze	2,7464	
W15A212f,W15A212g,W15A	Mittelwerts	Obergrenze	2,7863	
212h	5% getrimmtes Mittel		2,7820	
	Median		2,6667	
	Varianz		,517	
	Standard Abweichung		,71914	
	Minimum		1,00	
	Maximum		4,00	
	Spannweite		3,00	
	Interquartilbereich		1,00	
	Schiefe		-,145	,035
	Kurtosis		-,445	,069

Abbildung 13: Deskriptive Statistiken physische und psychische Belastungen

In Abbildung 14 ist deutlich zu erkennen, dass der Mittelwert der physischen Belastungen einem Wert von 3,25 entspricht und der Mittelwert der psychischen Belastungen einem Wert von 2,77.

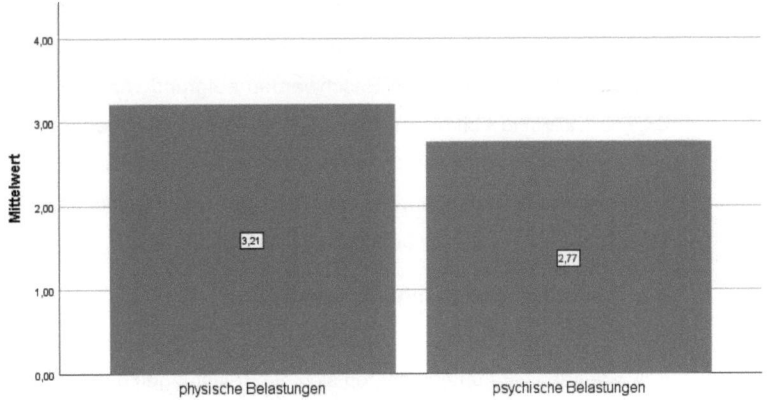

Abbildung 14: Mittelwert physische und psychische Belastungen

Zusammenfassend lässt sich beschreiben, dass aufgrund der erhöhten Werte, eine eher geringe Belastung vorliegt. Durch den Mittelwert und den Median wird deutlich, dass die Mehrheit der Befragten eher wenige Belastungen, sowohl physisch als auch psychisch, aufweisen, wobei die psychischen Belastungen häufiger vertreten sind als die physischen Belastungen. Die psychischen Belastungen sind mittelmäßig ausgeprägt, während die physischen Belastungen eher weniger, bis gar nicht ausgeprägt sind.

Häufigkeit gesundheitliche Beschwerden

		Häufigkeit	Prozent	Gültige Prozente	Kumulierte Prozente
Gültig	Fast immer	250	5,0	5,0	5,0
	Eher häufig	985	19,7	19,7	24,7
	Eher selten	1830	36,6	36,6	61,3
	Fast nie	1871	37,4	37,4	98,7
	Nicht sicher ob arbeitsbedingt	26	,5	,5	99,2
	Weiß nicht	22	,4	,4	99,7
	Keine Angabe	16	,3	,3	100,0
	Gesamt	5000	100,0	100,0	

Abbildung 15: Häufigkeitstabelle berufsbedingte gesundheitliche Beschwerden

Aus Abbildung 15 wird deutlich, wie sich die Angaben zu berufsbedingten gesundheitlichen Beschwerden verteilen. 5% der Befragten (n=5000) geben an, dass ihre gesundheitlichen Beschwerden fast immer berufsbedingt sind, 19,7% geben an, dass ihre Beschwerden eher häufiger berufsbedingt sind, 36,6% geben an, dass ihre gesundheitlichen Beschwerden eher selten berufsbedingt sind und fast nie gesundheitliche Beschwerden aufgrund von Berufstätigkeit haben 37,4%. 1,2% sind sich nicht sicher, ob ihre Beschwerden berufsbedingt sind, wissen es nicht oder machen keine Angabe diesbezüglich. Auch hier lässt sich zusammenfassend festhalten, dass die Befragten eher weniger gesundheitliche Beschwerden aufgrund ihrer beruflichen Tätigkeit aufweisen.

4.3 Inferenzstatistische Analyse

Im Folgenden wird untersucht, ob sich die Belastungen der Befragten in Betrieben mit bzw. ohne Fachkraft für Arbeitssicherheit unterscheiden. Dazu werden zunächst folgende Hypothesen aufgestellt.

Nullhypothese (H_0): Es gibt keine signifikanten Unterschiede der Belastungen in Betrieben mit bzw. ohne Fachkraft für Arbeitssicherheit.

Gegenhypothese (H₁): Es gibt signifikante Unterschiede der Belastungen in Betrieben mit bzw. ohne Fachkraft für Arbeitssicherheit.

Für die Untersuchung der vorliegenden Hypothesen wird der t-Test angewendet. Dabei werden zwei Stichprobenmittelwerte auf das Vorliegen einer signifikanten Differenz überprüft. Signifikant bedeutet, dass sich in der Grundgesamtheit diese Differenzen wiederfinden lassen.[37] Das Signifikanzniveau α liegt bei 0,05. Mit dem t-Test werden die Hypothesen über einen Anteilswert (p) in der Grundgesamtheit überprüft. Dabei gilt p <= 0 gegen p > 0 bzw. p >= 0 gegen p < 0. Ist der p-Wert kleiner als α, muss die Nullhypothese abgelehnt werden. Ist der p-Wert größer oder gleich α, wird die Nullhypothese angenommen.

4.3.1 Ergebnisse Unterschiede

		Levene-Test der Varianzgleichheit		T-Test für die Mittelwertgleichheit
		F	Signifikanz	T
physische Belastungen - Mittelwert aus W15A212b,W 15A212c,W15 A212d,W15A 212e	Varianzen sind gleich	8,225	,004	-2,698
	Varianzen sind nicht gleich			-2,776
psychische Belastungen - Mittelwert aus W15A212f,W 15A212g,W1 5A212h	Varianzen sind gleich	2,313	,128	,362
	Varianzen sind nicht gleich			,356

Abbildung 16: t-Test

Die Ergebnisse des t-Test zeigen an, dass der p-Wert bzgl. der physischen Belastungen kleiner ist als das Signifikanzniveau (α*=0,004). Somit gilt α* < α und die Nullhypothese (H₀) muss abgelehnt werden. Somit gibt es signifikante Unterschiede der physischen Belastungen in Betrieben mit bzw. ohne Fachkraft für Arbeitssicherheit. Der p-Wert bzgl. der psychischen Belastungen ist größer als

---

[37] Vgl. Reinhardt & Ornau (2015), S. 59

das Signifikanzniveau (α*=0,128). Somit gilt α* > α und die Nullhypothese (H_0) muss angenommen werden. Somit gibt es keine signifikanten Unterschiede der psychischen Belastungen in Betrieben mit bzw. ohne Fachkraft für Arbeitssicherheit.

Aus Abbildung 17 ist zudem deutlich erkennbar, dass die physische Belastung geringer ist, wenn eine Fachkraft für Arbeitssicherheit im Betrieb vorhanden ist. Der Mittelwert bei physischen Belastungen mit Fachkraft für Arbeitssicherheit liegt bei 3,19 (n=3514) und der Mittelwert bei physischen Belastungen ohne Fachkraft für Arbeitssicherheit liegt bei 3,26 (n=1167). Demnach sind die physischen Belastungen geringer, wenn keine Fachkraft für Arbeitssicherheit vorhanden ist. Die psychischen Belastungen mit bzw. ohne Fachkraft für Arbeitssicherheit weisen keine bzw. nur geringe Unterschiede auf. Der Mittelwert bei psychischen Belastungen mit Fachkraft für Arbeitssicherheit liegt bei 2,77 (n=3515) und der Mittelwert bei psychischen Belastungen ohne Fachkraft für Arbeitssicherheit liegt bei 2,76 (n=1169). Für die psychischen Belastungen spielt es demnach keine Rolle, ob eine Fachkraft für Arbeitssicherheit vorhanden ist.

	Fachkraft für Arbeitssicherheit	N	Mittelwert	Std.-Abweichung
physische Belastungen - Mittelwert aus W15A212b,W15A212c, W15A212d,W15A212e	Ja	3514	3,1931	,73801
	Nein	1167	3,2594	,69727
psychische Belastungen - Mittelwert aus W15A212f,W15A212g, W15A212h	Ja	3515	2,7661	,71312
	Nein	1169	2,7573	,73872

Abbildung 17: Gruppenstatistiken

Nachdem die Belastungen der Befragten in Betrieben mit bzw. ohne Fachkraft für Arbeitssicherheit auf Unterschiede untersucht wurden, werden nun die Ausprägungen verschiedener Arten des Engagements für den Arbeitsschutz mit der Häufigkeit berufsbedingter gesundheitlicher Beschwerden auf Zusammenhänge untersucht. Da es sich bei den betrachteten Variablen um ordinalskalierte Variablen handelt, wird die sogenannte Spearman-Korrelation angewendet. Der Rangkorrelationskoeffitient bei der Spearman Korrelation nimmt im Allgemeinen Werte zwischen -1 und +1 an, wobei der Wert 1 einem perfekten positiven

Zusammenhang und der Wert -1 einem perfekten negativen Zusammenhang entspricht. Bei einem Wert von 0 liegt keine Korrelation vor.

4.3.2 Ergebnisse Zusammenhänge

			Zustimmung: Sicherheitsmängel werden sofort beseitigt
Spearman-Rho	Zustimmung: Sicherheitsmängel werden sofort beseitigt	Korrelationskoeffizient	1,000
		Sig. (2-seitig)	.
		N	5000
	Zustimmung: Minimierung langfristiger gesundheitlicher Belastungen	Korrelationskoeffizient	,514**
		Sig. (2-seitig)	,000
		N	5000
	Zustimmung: Sicherheitsmängel melden ist selbstverständlich	Korrelationskoeffizient	,385**
		Sig. (2-seitig)	,000
		N	5000
	Zustimmung: klar verständliche innerbetriebliche Regelungen zum Arbeitsschutz	Korrelationskoeffizient	,418**
		Sig. (2-seitig)	,000
		N	5000
	Zustimmung: Konsequenzen bei Nichteinhaltung der Arbeitsschutzvorgaben	Korrelationskoeffizient	,265**
		Sig. (2-seitig)	,000
		N	5000
	Häufigkeit gesundheitliche Beschwerden	Korrelationskoeffizient	-,208**
		Sig. (2-seitig)	,000
		N	5000

Abbildung 18: Spearman-Korrelation

Aus Abbildung 18 ist zu erkennen, dass die Variablen im Vergleich zu der Häufigkeit gesundheitlicher Beschwerden einen Korrelationskoeffitienten im geringen negativen Bereich aufweisen. Somit besteht zwischen den verschiedenen Arten des Engagements für den Arbeitsschutz und der Häufigkeit berufsbedingter gesundheitlicher Beschwerden ein inverser Zusammenhang. Es kann allerdings keine Aussage darüber gemacht werden, in welche Richtung der Zusammenhang geht und welche Variabel den entschiedenen Einfluss ausübt. Interpretieren lässt sich lediglich, je höher die verschiedenen Arten des Engagements für den Arbeitsschutz werden desto geringer wird die Häufigkeit der gesundheitlichen Beschwerden.

4.3.3 Diskussion/Fazit

Die durchgeführte Analyse zeigt deutlich, dass durchaus Zusammenhänge einzelner Variablen bestehen und bestimmte Variablen einen Einfluss auf die physischen bzw. psychischen Belastungen sowie die Häufigkeiten betriebsbedingter gesundheitlicher Beschwerden haben. Statistische Methoden können dabei helfen, einen Überblick über die gesammelten Daten zu bekommen. Unter Verwendung der Lage- und Streuungsparameter kann eine gewisse Zusammenfassung großer Datenmengen zur einfacheren Interpretation durchgeführt werden. Auch die Berechnung der Unterschiede und der Zusammenhänge können dabei helfen, Variablen zu verstehen. Von entscheidender Bedeutung ist es allerdings, dass Statistiken nur Wahrscheinlichkeiten angeben, sodass sie in Bezug auf die Interpretation von Ergebnissen und Schlussfolgerungen nicht 100% korrekt sind. Signifikante Ergebnisse können durchaus berechnet werden, allerdings besteht die Frage, ob die statistischen Aussagen in die Praxis übertragen werden können.

Literaturverzeichnis

Backhaus, K.; Erichson, B.; Plinke, W.; Weiber, R. (2018). Multivariate Analysemethoden. Eine anwendungsorientierte Einführung (15. Aufl.). Berlin, Heidelberg: Springer Gabler.

Becker, B. (2014). Grundlagen der differentiellen und Persönlichkeitspsychologie (1. Aufl.). Riedlingen: Studienbrief der SRH Fernhochschule.

Benning, V. (2020). Die Spannweite verstehen und berechnen - mit Beispiel. Scribbr. Abgerufen am 13. November 2022, von https://www.scribbr.de/statistik/spannweite/

Bortz, J.; Döring, N. (2016). Forschungsmethoden und Evaluation in den Sozial- und Humanwissenschaften (5. Aufl.). Berlin, Heidelberg: Springer.

Bortz, J.; Schuster, C. (2010). Statistik für Human- und Sozialwissenschaftler (7. Aufl.). Berlin, Heidelberg: Springer.

Goleman, D. (2000). Working with Emotional Intelligence.

Veil, K. (2010). Emotionale Intelligenz – Möglichkeiten der Förderung für Schüler mit geistiger Behinderung. Würzburg: Bayerische Julius-Maximilians-Universität.

Mayer, J. D. (2004). "What is Emotional Intelligence?". UNH Personality Lab. 8. https://scholars.unh.edu/personality_lab/8.

Porst, R. (2009). Arten von Skalen. In: Fragebogen: Ein Arbeitsbuch (2. Aufl.) pp. 69-94. VS Verlag für Sozialwissenschaften.

Reinhardt, R.; Ornau, F. (2015). Fragebogentechnik (1001-02) (2.Aufl.). Studienbrief der SRH-Fernhochschule, Riedlingen.

Schlegtendal, J. (2020). Emotionale Intelligenz und Gesundheit – glücklich und gesund trotz Arbeit, https://www.sensit-info.de/vortraege/emotionale-intelligenzundgesundheit.html?file=files/content/downloads/Emotionale_Intelligeln_und_Gesu ndheit.pdf&cid=1570.

Schmitz-Atzert, L.; Krumm, S.; Amelang, M. (2021). Psychologische Diagnostik (6. Aufl.). Berlin, Heidelberg: Springer.

Zehetner, A. (2019). Emotionale Intelligenz und Verkaufsperformance: eine Untersuchung direkter und indirekter Effekte im Business-to-Business-Umfeld (1. Aufl.). Wiesbaden: Springer Gabler.

Anlagen: Fragebogen

Emotionale Intelligenz in Bezug auf die Erfüllung von Führungsaufgaben sowie einer erfolgreichen Mitarbeiterführung

---

Sehr geehrte TeilnehmerInnen,

um in der Arbeitswelt Erfolg zu haben, sind neben der fachlichen Kompetenz auch überfachliche Kompetenzen, wie die Methodenkompetenz, die Sozialkompetenz und die personale Kompetenz entscheidend. Eine weitere wichtige überfachliche Kompetenz stellt die Emotionale Intelligenz dar. Diese ist sowohl im privaten Leben als auch im Berufsalltag von großer Bedeutung. Vor allem eine gute Führungskraft sollte Kompetenzen aufweisen, die das Modell der Emotionalen Intelligenz beinhaltet. Führungskräfte sollten sich vor allem ihrer eigenen Gefühle, Stärken, Schwächen und Grenzen bewusst sein. Das Bewusstsein über die eigenen Fähigkeiten fördert das persönliche Selbstvertrauen. Dies wiederum bestärkt Führungskräfte darin, auch in Stress- oder Krisensituationen zu funktionieren. Durch emotionale Selbstregulation wird eine Führungskraft befähigt, die Kontrolle zu behalten, Verantwortung für sich, seine Mitarbeiter und die Situation zu übernehmen. Neben der Fähigkeit, eigene Gefühle zu erkennen und zu erklären, sollten Führungskräfte bei ihren Entscheidungen und Handlungen auch das Wohl ihrer Mitarbeiter berücksichtigen. Dies erfordert, die Emotionen anderer zu verstehen, die Gefühle der Mitarbeiter zu erkennen und zu interpretieren.

Ziel der Befragung

Das Ziel der Befragung ist es herauszustellen, welche Bedeutung die Emotionale Intelligenz zur Erfüllung von Führungsaufgaben hat und welche Rolle Emotionale Intelligenz in Bezug auf die Mitarbeiterführung spielt.

Fragebogenaufbau / Bearbeitungshinweis

Der vorliegende Fragebogen ist in die folgenden Dimensionen gegliedert und dient zur Selbsteinschätzung ihrer emotionalen Kompetenzen.

- **Wahrnehmung, Bewertung und Ausdruck von Emotionen**
- **Nutzung von Emotionen bei kognitiven Anforderungen**
- **Verstehen und Analyse von Emotionen**
- **Emotionsmanagement**

Im Folgenden werden Ihnen verschiedene Situationen geschildert, die Ihnen als Führungskraft in Ihrem Berufsalltag widerfahren könnten. Zu jeder Ausgangssituation werden bestimmte Aussagen aufgeführt, zu denen Sie Stellung nehmen sollen. Lesen Sie sich die Aussagen aufmerksam durch und überlegen Sie, inwiefern diese auf Sie zutreffen. Kreuzen Sie anschließend das entsprechende Kästchen von „trifft gar nicht zu" bis „trifft genau zu" an. Antworten Sie wahrheitsgemäß. Es gibt keine richtigen oder falschen Antworten. Zum Abschluss der Befragung werden Ihnen noch einige Fragen zu Ihrer Person gestellt. Dies dient lediglich zur Dokumentation sowie zur Erstellung von Statistiken.

Die Bearbeitung des Fragebogens dauert ca. 15 Minuten.

Verwertung der Daten

Die gesammelten Daten dienen zum oben genannten Ziel der Befragung. Die Ergebnisse werden zusammengefasst und im Rahmen einer Forschungsarbeit präsentiert. Die Befragung ist vollständig anonymisiert, sodass keinerlei Rückschlüsse auf Ihre Person gezogen werden können.

Im Nachgang werden wir Ihnen eine Zusammenfassung der Untersuchung zukommen lassen. Wenn das Interesse besteht, erhalten Sie eine individuelle Rückmeldung zu Ihren erreichten Ergebnissen.

Sollten Sie Fragen, Anmerkungen, Rückmeldungen zu der Befragung haben, so stehe ich Ihnen gerne zur Verfügung. Vielen Dank für Ihre Teilnahme!

Wahrnehmung, Bewertung und Ausdruck von Emotionen

In diesem Abschnitt geht es um das Wahrnehmen eigener Emotionen, die Wahrnehmung der Emotionen anderer, das Ausdrücken der eigenen Emotionen sowie die Einschätzung des Ausdrucks anderer.

Ausgangssituation:

Sie sind Bereichsleiterin oder Bereichsleiter in Ihrem Unternehmen und haben mehrere Wochen an einem Bericht gearbeitet. Nach der Fertigstellung freuen Sie sich auf die Meinung eines Kollegen. Als Sie ihn am Morgen sehen und ihm den Bericht vorlegen, schenkt dieser dem Bericht sehr wenig Beachtung. Die erhoffte Rückmeldung bleibt aus.

	Trifft gar nicht zu	Trifft eher nicht zu	Trifft eher zu	Trifft genau zu
Am selben Nachmittag werden Sie von einem anderen Kollegen gefragt, ob Sie schlechte Laune hätten. Sie können die Anmerkung des Kollegen nicht verstehen.	☐	☐	☐	☐
Am selben Nachmittag werden Sie von einem Kollegen gefragt, ob Sie schlechte Laune hätten. Sie wissen, dass die gleichgültige Reaktion des Kollegen am Morgen bei Ihnen noch nachwirkt und sie sich deshalb gekränkt fühlen.	☐	☐	☐	☐

Nutzung von Emotionen bei kognitiven Anforderungen

In diesem Abschnitt geht es um das Nutzen von Emotionen, um sich auf das Wesentliche zu konzentrieren, das Hervorrufen von Emotionen zur besseren Urteilsbildung, das Hervorrufen von Emotionen aufgrund unterschiedlicher Sichtweisen sowie das Nutzen von Emotionen zur Problemlösung

Ausgangssituation:

Sie stellen einem Kunden ein neues Produkt vor, für das dieser sich schon lange interessiert. Während der Unterhaltung verändern sich die Mimik und die Körpersprache des Kunden.

	Trifft gar nicht zu	Trifft eher nicht zu	Trifft eher zu	Trifft genau zu
Sie schenken der Reaktion des Kunden wenig Beachtung. Es fällt Ihnen schwer zu erkennen, wie sich der Kunde gerade fühlt oder mögliche Gründe für sein Verhalten zu finden.	☐	☐	☐	☐
Sie erkennen, dass sich die Gefühlslage des Kunden verändert hat. Obwohl Sie den wahren Grund dafür nicht kennen, können Sie die Emotionen des Kunden einordnen. Wirkt der Kunde beispielsweise verwirrt, fassen Sie den letzten Gesprächsteil nochmal deutlicher zusammen oder geben Raum für Rückfragen.	☐	☐	☐	☐

Verstehen und Analyse von Emotionen

In diesem Abschnitt geht es um die verbale Beschreibung von Emotionen, das Erkennen von Konsequenzen von Emotionen, das Erkennen von Antezedenzien von Emotionen, das Erkennen von komplexen Emotionen, das Erkennen von Mischungen aus Emotionen sowie das Erkennen der zeitlichen Abfolge von Emotionen

Ausgangssituation I:

Ihr Kollege hat Sie bei einem Projekt unterstützt und Sie sind erleichtert die Arbeit erfolgreich abschließen zu können. Gerne möchten Sie Ihrem Kollegen für seine Bemühungen danken.

	Trifft gar nicht zu	Trifft eher nicht zu	Trifft eher zu	Trifft genau zu
Sie überlegen, wie Sie Ihrem Kollegen zeigen können, dass Sie froh sind, dass auf ihn immer Verlass ist. Sie haben die Sorge, nicht die richtigen Worte zu wählen oder falsch verstanden zu werden. Im Kontakt mit Ihrem Kollegen finden Sie nicht die richtigen Worte, ihm Ihren Dank auszudrücken.	☐	☐	☐	☐
Sie müssen nicht lange überlegen, wie Sie Ihrem Kollegen für seinen Einsatz danken. Es fällt Ihnen leicht, vor Ihrem Kollegen Ihre Emotionen auszudrücken und sein Verhalten wertzuschätzen.	☐	☐	☐	☐

Ausgangssituation II:

Sie haben eine neue Arbeitsstelle in einem Büro angetreten. Die Tätigkeit macht Ihnen Spaß, aber mit einer Kollegin, mit der Sie gemeinsam an einem Projekt arbeiten, gibt es immer wieder Probleme und der Konflikt verschärft sich zunehmend.

	Trifft gar nicht zu	Trifft eher nicht zu	Trifft eher zu	Trifft genau zu
Sie ärgern sich zwar darüber, dass es immer wieder Probleme zwischen Ihrer Kollegin und Ihnen gibt, beschäftigen sich aber nicht damit, was die Gründe für die Probleme sind.	☐	☐	☐	☐
Dass es Probleme zwischen Ihrer Kollegin und Ihnen gibt, stört Sie sehr. Sie versuchen herauszufinden, welche Gefühle die Situation in Ihnen auslöst und was die Gründe für den Konflikt sind.	☐	☐	☐	☐

Emotionsmanagement

In diesem Abschnitt geht es um die Offenheit für alle Emotionen (positive und negative), das Ausleben oder Distanzieren von Emotionen, das Reflektieren von Emotionen sowie das Beeinflussen von Emotionen anderer

Ausgangssituation I:

Sie bekommen die Aufgabe bei der nächsten Teambesprechung einen Vortrag zu halten. Sie haben die Themen sehr gut vorbereitet, spüren allerdings in der Zeit vor dem Vortrag Nervosität in sich aufsteigen.

	Trifft gar nicht zu	Trifft eher nicht zu	Trifft eher zu	Trifft genau zu
Sie versuchen sich zu beruhigen, aber es fällt Ihnen schwer Ihre Gefühle rechtzeitig vor dem Vortrag in den Griff zu bekommen. Kurz vor dem Vortrag sind Sie sehr nervös und angespannt.	☐	☐	☐	☐
Obwohl Sie nervös sind, finden Sie einen Weg sich zu beruhigen. Unmittelbar vor und während des Vortrags haben sie Ihre Gefühle wieder im Griff und können sich gut auf den Vortrag konzentrieren.	☐	☐	☐	☐

Ausgangssituation II: Im Rahmen Ihrer Arbeit sind Sie dafür zuständig Telefonate mit Kundenanfragen entgegenzunehmen. Ein Kunde ist merklich wütend und beschwert sich bei Ihnen lautstark über eine Leistung Ihres Unternehmens.

	Trifft gar nicht zu	Trifft eher nicht zu	Trifft eher zu	Trifft genau zu
Sie fühlen sich im Gespräch unwohl und versuchen die Wut des Anrufers zu reduzieren.	☐	☐	☐	☐
Obwohl Sie das Gespräch als unangenehm empfinden, bleiben Sie ruhig und finden einen Weg an dem Problem des Kunden inhaltlich anzusetzen und seine Stimmung positiv zu beeinflussen.	☐	☐	☐	☐

Demographische Angaben

Dieser Abschnitt dient zur Erfassung statistischer Angaben. Ihre Daten werden vollständig anonymisiert, sodass keinerlei Rückschlüsse auf Ihre Person gezogen werden können.

Welchem Geschlecht ordnen Sie sich zu?

Klicken oder tippen Sie hier, um Text einzugeben.

Wie alt sind Sie?

Klicken oder tippen Sie hier, um Text einzugeben.

Welches ist Ihr höchster Schulabschluss?

Klicken oder tippen Sie hier, um Text einzugeben.

Was haben Sie für eine Berufsausbildung bzw. Studium?

Klicken oder tippen Sie hier, um Text einzugeben.

Wie lautet Ihre aktuelle Berufsbezeichnung?

Klicken oder tippen Sie hier, um Text einzugeben.

Wie lautet Ihr aktuelles monatliches Brutto-Einkommen?
(ungefähre Angabe)

Klicken oder tippen Sie hier, um Text einzugeben.

BEI GRIN MACHT SICH IHR WISSEN BEZAHLT

- Wir veröffentlichen Ihre Hausarbeit,
  Bachelor- und Masterarbeit

- Ihr eigenes eBook und Buch -
  weltweit in allen wichtigen Shops

- Verdienen Sie an jedem Verkauf

Jetzt bei www.GRIN.com hochladen und kostenlos publizieren